AF331856

BIBLIOTHÈQUE
THÉATRALE

CHOIX DE PIÈCES NOUVELLES,

Jouées sur tous les théâtres de Paris.

THÉATRE DU PANTHÉON.

LES AMOURS D'UN RAT,

VAUDEVILLE EN UN ACTE.

---

30 CENTIMES.

PARIS

GABRIEL ROUX ET OLIVIER CASSANET, ÉDITEURS,

25, RUE DES GRAVILLIERS.

1842

[illegible]

LES

AMOURS D'UN RAT,

VAUDEVILLE EN UN ACTE,

Par MM. Armand de VILLEVERT et Jules de RIEUX,

Représenté sur le Théâtre du Panthéon le 21 février 1842.

DISTRIBUTION DE LA PIÈCE :

ENDYMION , serpent d'église. . . . . MM. Pernet.
PETITPAS , maître de ballets à l'Opéra. . . . . Pelvilain.
FANCHETTE, rat d'Opéra. . . . . Mlle Victorine.

La scène se passe à Paris, dans la chambre de Fanchette.

Nota. Les personnages sont inscrits en tête des scènes, comme ils sont placés au théâtre, le premier à gauche, etc. Les changements de position sont indiqués par des notes. Toutes les indications sont données de la salle.

Une chambre de grisette. Fenêtre mansardée au fond. A gauche une cheminée et une petite table. Au fond une cage, des fleurs à la fenêtre. A droite un lit, une chaise, un fauteuil. La porte au fond, à gauche près de la fenêtre qui se trouve au milieu. Un tabouret au fond.

SCÈNE PREMIÈRE.

FANCHETTE *seule, achevant sa toilette. Elle est en déshabillé.* Quatre heures! M. Petitpas va sans doute venir. Je me sens en appétit. Je vais aller chercher mon souper. Ah! comme c'est triste d'être seule dans une pauvre mansarde, et de n'apercevoir que des capucines..... et un serin. (*Elle balaie sa chambre.*) Par bonheur, j'ai relâche ce soir, je n'ai pas besoin de figurer à l'Opéra. Mais il faut que j'aille chercher du lait, mon petit pain, puis... du mouron pour mes oiseaux.... et du mou pour mon chat. Dieu! qu'une maison est lourde! Je vais mettre mon schal seulement, pour aller jusqu'en bas. (*Elle met un grand schal tapis qu'elle prend sur une chaise. Elle va pour sortir.*) Bon! j'oubliais mon cabas. (*Elle regarde dedans.*) Qu'est-ce que dirait ma bonne mère , si elle me voyait sur la scène en bayadère?... et Louisa , donc, et Jeannette , qui faisait tant sa chipie. Oh! bisqueraient-elles... Et ce pauvre Endymion... Ah! je l'aime toujours; et quoique mes parents m'aient forcée de partir à cause de lui, j'ai juré que je n'en épouserais pas d'autre... Dam! aussi est-ce sa faute, à ce pauvre garçon, s'il n'est pas riche, et seulement apprenti tonnelier... C'est lui qui chantait bien! Oh! oui. Mais il ne faut plus penser à tout cela, ou je vais devenir triste ; et M. Petitpas qui va arriver pour me faire danser... C'est un brave homme, au fond , et s'il n'était pas autant amoureux de moi, je crois que j'en rirais moins. A-t-on jamais vu, à son âge!.. Ah! c'est qu'il est riche... et... qui sait? Endymion ne m'aime peut-être plus, d'ailleurs, il ne peut protéger mes débuts , tandis que M. Petitpas me l'a promis, et je serais si heureuse!

Air : *Du Rapin.* (Mlle A. Simon.)

A l'Opéra chacun craint sa puissance ;
C'est notre maître de ballet :
Oui, c'est un homme d'importance.
On dit qu'il est... mais en secret,
    Vieux et laid.
Sa voix ici me dit sans cesse
Que je dois croire à son amour,
Et, grâce à lui, j'ai la promesse
De débuter enfin un jour !
  O douce espérance !
  Oui , bientôt, je pense
  Que chacun me verra
  Briller à l'Opéra!
  Mon espoir s'achève ;
  Comme dans mon rêve
  Chacun m'applaudira !
Ah ! quel rêve enchanteur
Fait donc battre mon cœur !
Je vois devant mes yeux,
Sous un voile soyeux,
M'apparaître soudain
Là-bas, dans le lointain,
L'aspect si ravissant
De l'Opéra brillant !
Bayadère ou lutin,
Sylphide ou diablotin,
Joli diable amoureux,
Pauvre diable boiteux,
J'entendais, par instant,
Comme un songe attrayant,
Applaudir tout là-bas
A chaque joli pas !

    (*Reprise.*)

O douce espérance! etc.

C'est un homme hautement placé que M. Petitpas... Un maître de ballets à l'Opéra. Il m'apprend à danser, et grâce à lui, bientôt, je ne serai plus une simple figurante... un Rat d'Opéra, comme ils disent tous. (*réfléchissant*). Si je voulais ! je serais pourtant sa femme.

(*On frappe à la porte.*)

SCÈNE II.

FANCHETTE, PETITPAS.

FANCHETTE. Qui est là?

PETITPAS. C'est moi... c'est moi.

FANCHETTE. C'est bien, attendez un peu... Je finis de m'habiller.

PETITPAS. Ouvrez, je fermerai les yeux.

FANCHETTE. Comment, Monsieur... voyons, on va vous ouvrir.   (*Elle va ouvrir.*)

* PETITPAS *entrant.* Bonjour, ma toute belle. (*bas.*) J'ai voulu regarder par le trou de la serrure, et je n'ai rien vu

FANCHETTE *négligemment.* Bonjour, monsieur Petitpas.

PETITPAS. Tu étudiais, charmante enfant?

FANCHETTE. Oui, monsieur Petitpas.

PETITPAS. Tu sais qu'il faut te mettre en état de débuter bientôt... J'ai vu tout le monde... directeur, régisseur, souffleur... tout l'orchestre, et si tu étais en état... le moment viendrait peut-être plus tôt que tu ne penses.

FANCHETTE. Oh! vraiment, je débuterai bientôt... Il me semble déjà que j'ai peur...

PETITPAS. Enfant!... il ne faut pas trembler...

AIR CONNU.

Ne crains rien pour tes débuts,
Ma chère, on ne siffle plus ;
　　Cet abus,
　　Au surplus,
Des théâtres est exclus.
Vois, sans craindre les sifflets,
Plus d'un acteur des Français,
　　Sans regrets,
　　Par cachets,
Rendre nos auteurs mauvais.
En France, au parterre,
Chacun est, ma chère,
　　Trop galant,
　　A présent,
Pour vouloir nuire au talent.
Quand débute une actrice
Qui semble trop novice,
　　Sans siffler,
　　Sans crier,
Chacun s'offre à la former.
Du parterre au paradis,
Le bourgeois et le beau fils,
　　Le commis,
　　Le marquis,
Applaudissent sans profits.
Il suffit vraiment parfois
D'un joli petit minois
　　Bien narquois,
　　Bien grivois,
Pour nous laisser mettre aux abois.
Un ancien notaire
Offre, pour lui plaire,
　　Son crédit,

Son esprit
Et son argent à l'appui.
Souvent elle est cruelle,
Mais le cœur de la belle
　　Par l'amour,
　　A son tour,
Se laisse prendre un beau jour.

(*Reprise.*)

Ne crains rien pour tes débuts, etc.

Le parterre sera fasciné par tes grâces, tes jambes lui donneront dans l'œil. (*avec un gros soupir.*) Ah! il y a déjà long-temps qu'elles m'ont tourné la tête.

FANCHETTE. Oh! monsieur Petitpas, vous êtes donc toujours galant.

PETITPAS. Tu te ris de mon amour, cruelle... et pourtant, qu'as-tu à me reprocher?... est-ce que je n'ai pas toujours montré pour toi le dévoûment le plus grand?..

FANCHETTE. Je ne dis pas...

PETITPAS. Et tu résistes continuellement à mes vœux sans cesse renouvelés et toujours repoussés... Oh! dis-moi.. oui, dis-moi... Petitpas, je t'aime...

FANCHETTE. Tenez, Monsieur, nous reparlerons de cela plus tard... on pourrait croire que c'est une condition...

PETITPAS. Non... non...

FANCHETTE. Si fait... d'autant plus!, que j'ai une faim... oh! j'éprouve des tiraillements d'estomac.

PETITPAS. L'amour me fait oublier la nourriture du corps.

* FANCHETTE. Monsieur Petitpas, il faut que j'aille chercher mon souper.

PETITPAS. Est-ce que je ne veux pas tout ce que tu veux?..

FANCHETTE. Prenez ma boîte au lait... Il faut que j'aille chez la crémière du coin.

PETITPAS. Plaît-il?

FANCHETTE. N'allez-vous pas me laisser tout porter, maintenant?

PETITPAS. Non... non... mais c'est que....
(*Il prend la boîte.*)

FANCHETTE *prenant la clé.* Allez... allez... il faut que je ferme la porte derrière vous... Allons, marchez donc, Monsieur.

AIR D'ENSEMBLE : *Du Domino noir.*

PETITPAS.

Oui, pour te plaire, ma belle,
Je me soumets à ta loi,
Et tes caprices, cruelle,
Sont toujours sacrés pour moi.
Ah! tu fais tourner la tête
De ton maître de ballet.

FANCHETTE.

Mais il a l'air un peu bête,
Avec cette boîte au lait...

Reprise, ENSEMBLE.

PETITPAS.

Mais pour te plaire, ma belle,
Je me soumets à ta loi,

* Petitpas, Fanchette.

* Fanchette, Petitpas.

Et les caprices, cruelle,
Sont toujours sacrés pour moi.

FANCHETTE.

Oui, voulant plaire à sa belle,
Il se soumet à ses lois ;
A mes caprices fidèle,
Il est docile à ma voix.

(Ils sortent.)

SCÈNE III.

ENDYMION. (*Il casse un carreau de papier, ouvre l'espagnolette et passe sa tête à la fenêtre.*) Pardon, Mademoiselle... ne vous dérangez pas... c'est moi, Endymion Michoneau... Tiens... personne. (*Il enjambe la croisée et son portefeuille tombe à terre.*) Ai-je de la chance ou n'en ai-je pas, en trouvant absent le propriétaire de l'établissement... voilà la question... je n'y répondrai pas... Enfin me voilà en lieu de sûreté... les brigands... je suis parvenu à leur échapper... vouloir me faire payer mes dettes... comme c'est bourgeois... comme c'est de mauvais goût... m'envoyer un huissier...deux huissiers même... et des gardes du commerce pour me servir d'état-major... Quel siècle de dépravation !... j'allais me coucher... je chantais le grand morceau que chante M. Dupré dans Guido et Ginevra... J'entends monter... on frappe... j'entends des voix extérieures me priant d'ouvrir au nom de la loi... Ah ! plus souvent... je réponds, que je n'y suis pas... ils insistent... je m'élance sur la gouttière.

Air : *De Guido et Ginévra.*

Hélas ! je fuyais comme une ombre,
Et sur les toits quand je volais,
Ah ! grands dieux, comme je tremblais !
Mais il fallait céder au nombre ;
Car j'étais seul, et les records,
Pour me prendre, étaient les plus forts.
Dans ce danger, fuyant la terre,
Je courais, bravant le trépas ;
Et, poursuivi... sur la gouttière,
J'étais léger comme les chats.
Mais oublions cette infortune,
Le passé nous fuit sans retour
Pour nous laisser tout à l'amour.
A tes genoux, ma belle brune,
Je jure de ne plus courir
Sur les toits, pour mon seul plaisir.

Je luttais à la course avec les chats... mais dans cette position critique, j'avais un but... un but unique... Depuis quelque temps, je vois de ma croisée, au milieu des capucines qui ornent cette fenêtre, une tête de femme, et une cage de serin... je ne regardais que la femme... et c'est de son côté que je dirigeais mes pas aventureux... Oh oui, femme charmante, sans te connaître, déjà je t'adore... Et ma Fanchette, que j'oublie... car c'est pour elle, que je suis venu à Paris, le rabot sur l'épaule... pour elle, que je me suis fait serpent d'église... Oh Fan-

chette ! je t'aimerai toujours... Mais je puis bien cueillir quelques fleurs dans les allées de la vie que tu me fais parcourir... Mais que vais-je lui dire, à la déesse de ces lieux?.. m'acceptera-t-elle pour son hôte, ou bien me repoussera-t-elle?... je ne résoudrai pas la question, mais je... m'y... préparerai..... Voyons, je suppose, elle entre.... la voici. (*Il prend une cuvette et la place devant lui.*) Elle pousse un cri... ah ! Je lui prends la main. — Ne craignez rien, Mademoiselle. — Monsieur, laissez-moi. — Oh ! non. — Oh ! si... — Je ne vous connais pas. — Ni moi non plus, mais c'est égal... je vous aime... je vous aimais même avant de vous avoir vue. — Comment Monsieur? oui, c'est une charade, mais n'importe... — Je lui prends la taille... je lui dérobe un baiser... Oh ! cela ira... je me sens en verve. (*Regardant autour de lui.*) L'appartement n'a pas l'air très cossu... Hélas ! il est encore plus fastueux que le mien, où l'on ne trouve que des reconnaissances du Mont-de-Piété..... (*On entend du bruit dehors.*) Hein ! (*Écoutant.*) On monte... la voici... où me cacher... Bon, derrière la porte... je la surprendrai...

FANCHETTE *en dehors.* Voulez-vous me laisser, Monsieur !

ENDYMION. Quoi ! ils sont deux, et un homme encore... je les attendrai de pied ferme... non, sous le lit, j'aime mieux ça. (*Il se cache sous le lit.*) Grand Dieu ! que vais-je voir !

SCÈNE IV.

FANCHETTE, PETITPAS, ENDYMION *sous le lit. Petitpas tient une boîte au lait à la main, et sous son bras plusieurs petits pains ; de l'autre main, du flan dans du papier.*

PETITPAS *arrivant jusqu'auprès du lit.* Ouf ! est-ce fatiguant d'aller à la provision. Six étages, cent-cinquante et trois marches.

FANCHETTE *riant.* Dieu ! êtes-vous drôle, comme ça, monsieur Petitpas... Ah ! ah ! ah !

PETITPAS. Comment petite, tu ris de mon embarras... (*Il laisse tomber les petits pains par terre. Il se baisse pour les ramasser, met la boîte à terre, le flan dessus, et les petits pains sur une chaise à côté du lit et près d'Endymion.*)

FANCHETTE *riant toujours.* Ah ! ah ! ah ! Mais êtes vous maladroit !

ENDYMION *à part.* Quelle position pour un serpent !

PETITPAS *allant à elle.* Comment, friponne... c'est comme cela que tu me paies de ma complaisance... je veux un baiser.

FANCHETTE. Non... du tout... vous êtes trop exigeant...

PETITPAS. Tu me refuses, ma chère Fanchette?..

ENDYMION *sortant la tête de dessous le lit.* Fanchette ! que dit-il ? Dieu ! c'est elle !

FANCHETTE. Plaît-il ?

PETITPAS. Quoi ?

FANCHETTE. Vous me parliez ..

PETITPAS. C'est toi ?...

PETITPAS. Oui... oui... oui... tu veux me tromper, mais tu ne réussiras pas... je veux un baiser... et je l'aurai... Tiens, je vais le le demander, comme je faisais autrefois dans le ballet de Lindor et d'Annette.

Air : *Il est un petit homme.*

On me dit, ma Fanchette,
Que, pour un amoureux,
Je suis vieux ;
Mais près d'une fillette,
Ma chère, je le sens,
J'ai vingt ans !
Et mon cœur brûlant
Soupire pourtant
La nuit comme le jour.
Oh ! qu'il est doux, (*bis*)
De vivre pour l'amour !

ENDYMION *à part.* Vieux sapajou, va !

FANCHETTE. Voyons, asseyez-vous... vous êtes tout essoufflé.

PETITPAS *respirant péniblement.* Moi... du tout... je me sens de force à exécuter les douze travaux d'Hercule...

ENDYMION. C'est bien... j'en apprends de belles... la perfide !... J'en mourrai (*Il prend le flan et le mange avec fureur.*) Et dire qu'il faut ronger son frein sans broncher.

PETITPAS *s'asseyant sur le fauteuil prés du lit.* Voyons, Fanchette... viens un peu là, près de moi... que nous causions sérieusement. (*Elle s'assied sur le lit.*) Qu'on est bien là, n'est-ce pas ?

FANCHETTE. Mais oui... (*Fanchette prend son chat sur ses genoux.*)

PETITPAS. Tu ne sais pas combien je t'aime... ma Fanchette !

FANCHETTE. Je ne dis pas non... (*A son chat.*) Mon petit chat... mon petit mouton....

ENDYMION. Quels mots indécents !

FANCHETTE *embrassant son chat.* Pauvre chéri !...

ENDYMION *buvant le lait qui est dans la boîte.* Je vais éclater..... J'ai soif de leur sang...

PETITPAS Je ne veux vivre que pour toi... pour ton bonheur...

FANCHETTE *sans l'écouter.* Est-il gentil !

(*Même jeu.*)

PETITPAS. Tu ne m'entends plus ?...

ENDYMION. Je demeure stupide... Ma position devient hideuse ! j'étouffe de fureur, et d'avoir mangé trop de flan.

* PETITPAS *regardant à sa montre et se levant.* Ecoute, ma petite Fanchette, voici l'heure où commence le ballet, il faut que je me rende à l'Opéra... Je reviendrai bientôt, ce soir... demain nous irons dîner ensemble, sur le boulevard... chez Pétron !

FANCHETTE. C'est bien, monsieur Petitpas.

* Petitpas, Fanchette, Endymion.

PETITPAS. *à part.* Et ce soir, je veux rester ici. (*Haut.*) Adieu... adieu, mignonne. (*Il lui envoie des baisers et sort légèrement.*)

ENDYMION *mangeant un petit pain.* Je broyerais du marbre sous mes dents.

SCÈNE V.

FANCHETTE, ENDYMION.

FANCHETTE *reconduisant Petitpas, et parlant en dehors.* Adieu, monsieur Petitpas... à ce soir...

ENDYMION *sortant de dessous le lit, et se cachant derrière les rideaux.* Nous allons avoir une explication à faire frémir d'horreur.

FANCHETTE *fermant sa porte.* Le voilà parti... c'est bien heureux !... Je me sens une faim... (*Endymion est caché derrière les rideaux.*) Je vais manger un peu de flan. Tiens... où donc est-il... (*cherchant.*) c'est drôle. (*apercevant Endymion.*) Ah !

ENDYMION *sortant de dessous les rideaux du lit.* Je l'ai mangé, ton flan...

FANCHETTE. Endymion !

ENDYMION. Oui, perfide !

FANCHETTE. Quels regards... vous m'effrayez.

ENDYMION. Ah ! je t'effraie... tu en verras bien d'autres... j'ai tout entendu, tout vu... j'étais ici... sur le (*s'arrêtant.*) n'importe...

FANCHETTE. Quoi, caché dans ma chambre... c'est joli... pour me compromettre.

ENDYMION. C'est juste... si votre M. Petitpas m'avait vu... cela vous aurait perdue... il n'aurait plus voulu de vous pour... tenez, je ne pourrais jamais prononcer ce mot-là.

FANCHETTE. Oh ! Endymion !

ENDYMION. Endymion ! Endymion ! je ne suis plus Endymion... mais je le connais votre Petitpas... et il n'a qu'à bien se tenir, car je me sens des idees d'anthropophage.

FANCHETTE. Mais qu'avez-vous ?

ENDYMION. Vous croyez que je suis cet Endymion d'autrefois, timide auprès des femmes... Non, cet Endymion-là n'existe plus... Quand vous êtes partie, je n'ai plus dormi, je n'ai plus bu, j'étais abruti... je suis venu à Paris pour vous suivre, et je soupirais sans cesse après vous.

FANCHETTE. Ça a dû bien vous fatiguer.

ENDYMION. Et quand je vous retrouve, ô Fanchette, il faut que ce soit en compagnie d'un Petitpas.

FANCHETTE. Monsieur, c'est une horreur ! me soupçonner ainsi...

ENDYMION. Vous le nierez peut-être... Quand j'étais là... là-dessous, entendez-vous bien.

FANCHETTE. Eh bien ! vous ne pouviez rien voir.

ENDYMION. Il n'aurait plus manqué que... mais j'entendais, Mademoiselle, et mes oreilles frémissent encore...

FANCHETTE. Et qu'entendiez-vous de si mal?

ENDYMION. Vous verrez que c'est moi qui vais avoir tort.., quand vous l'appeliez... mon chat! vous ne rougissez pas.

FANCHETTE *riant.* Quoi! c'est cela que vous me reprochez?

ENDYMION. Que vous faut-il donc?

FANCHETTE. C'est que ce n'était pas à M. Petitpas que je parlais... il est amoureux de moi, c'est vrai, mais je ne l'aime pas... et si ce n'était parce qu'il m'a promis de protéger mes débuts à l'Opéra.

ENDYMION. Oh! vrai...

FANCHETTE. Certainement.

ENDYMION. Répète le moi... oh! répète-le moi...

FANCHETTE. Je vous le répéterai tant que vous voudrez.

ENDYMION *sérieusement.* Mais est-ce bien vrai?

FANCHETTE. Je vous le ferai dire par lui-même...

ENDYMION. Quoi! tu débuterais... ô bonheur! Mais à qui parlais-tu?

FANCHETTE. A mon chat; il m'ennuie tellement quand il est là, ce M. Petitpas; il faut bien que je m'occupe à quelque chose.

ENDYMION. Et moi je rongeais ton flan de désespoir.

FANCHETTE. Et je le cherchais bonnement, moi.

ENDYMION. Je te donne le mien à la place; déchire-le à ton tour, pour avoir douté de toi... Mais à propos, que fais-tu dans cette ville de Paris, tombeau de tant de vertus...

FANCHETTE. Moi!... je suis Rat.

ENDYMION. Rat?

FANCHETTE. Et oui... rat d'Opéra... Et toi?

ENDYMION. Moi? je suis Serpent.

FANCHETTE. Serpent?

ENDYMION. Oui, serpent à Notre-Dame... et j'aspire à débuter à l'Opéra, dans les chœurs; mais auparavant... Fanchette, je t'épouse... je t'épouse aujourd'hui même.

FANCHETTE. Non, Monsieur, je ne veux pas me marier... Je ferai comme maman, je resterai fille.

ENDYMION. Mon amour t'y contraindra... ce M. Petitpas, il faut qu'il me serve... tu verras; car je t'aime, Fanchette... tu m'aimes... nous nous aimons.

Air : *De Diogène.*

Ne repousse pas ma prière,
L'amour bientôt nous unira ;
Ne me dédaigne pas, ma chère,
Car un serpent vaut bien un rat.
Près de moi ton âme ravie
Saura, dans des jours amoureux,
Comment on peut couler à deux...
Le fleuve de la vie.

FANCHETTE. Mais que voulez-vous faire?

ENDYMION. Ce que je veux faire?... je veux que ton M. Petitpas me fasse débuter avec toi...

FANCHETTE. Vous chantez donc toujours?

ENDYMION. Oui... c'est un agrément naturel que je cultive encore quoique serpent. O Fanchette, depuis que nous nous sommes quittés, je n'ai cessé de penser à toi ; jamais aucune femme n'a pu remplir dans mon âme le vide qu'y avait laissé ton absence... Aussi, écoute mon amour, ne me fuis pas.. tu seras la Diane de ton Endymion; seulement, jamais de croissant, n'est-ce pas?

FANCHETTE. Mais comment vous trouvez-vous ici?...

* ENDYMION *remontant la scène.* Je suis passé par la fenêtre.

FANCHETTE. Je le savais bien, qu'on pouvait entrer du carré par la gouttière ; je me suis déjà plainte au propriétaire...

ENDYMION. Du tout! c'est par les toits que je suis arrivé... on venait m'arrêter.

FANCHETTE *étonnée.* Vous arrêter?...

ENDYMION. M'arrêter... Eh bien?

FANCHETTE. Mais qu'avez-vous donc fait?

ENDYMION. Ils disent que j'ai des dettes... comme si cela me regardait. J'ai beau leur dire que je ne les nie pas, mes dettes, que je suis trop honnête homme pour les nier, ils veulent encore que je les paie... oh! ne m'en parle plus, tiens, Fanchette... nous vivons dans un temps sans procédés... Mais, que m'importe, maintenant?.. je t'épouse, et nous serons heureux ; heureux comme autrefois, au village... te rappelles-tu?

Air : *Du temps que la reine Berthe filait.*
(LOÏSA PUGET.)

Le bon temps que c'était (*bis*)
Dans notre village, ah! comme on s'aimait! (*bis.*)
Chaque soir, ma Fanchette,
Nous vantions tour-à-tour
Notre amour ;
Et, naïve fillette,
Tu jurais sur ta foi
D'être à moi.
Lorsque parfois, ma belle,
A tes genoux fidèle,
Un baiser je voulais,
Toujours tu l'accordais.

FANCHETTE *reculant et posant en riant un doigt sur sa bouche.*
Mais... mais... mais cela se passait (*bis*)
Du temps, Monsieur, qu'au village on était. (*Bis.*)
ENDYMION.
Même air.
Dans ce temps, ma Fanchette,
Nous étions tous les deux
Bien heureux !
Ma voix souvent répète
Nos doux chants d'autrefois
Dans les bois.
Ah! redis-moi, de même,
Endymion, je t'aime!
En me disant adieu,
Tu fis ce doux aveu.
FANCHETTE, *même jeu.*
Mais... mais... cela se passait (*bis*)
Du temps, Monsieur, qu'au village on était. (*Bis.*)

(1) Endymion, Fanchette.

FANCHETTE. Chut!... taisez-vous!... on monte.

ENDYMION. Eh bien?

FANCHETTE. C'est M. Petitpas, sans doute.

ENDYMION. Ce n'est peut-être pas ici.

FANCHETTE. Si fait... on monte par le petit escalier, il n'y a que moi sur le carré, et personne au-dessus.

ENDYMION. En effet, à moins que ce ne soit un couvreur.

FANCHETTE. Que faire?... et mon début...
                    (On frappe.)

ENDYMION *allant ouvrir.* (*Avec emphase.*) Je suis ton frère... (*à part.*) Il faut que j'éclaircisse mes soupçons.

SCÈNE VI.

ENDYMION, FANCHETTE, PETITPAS (*A la vue d'Endymion, Petitpas recule stupéfait.*

ENDYMION. (*Il met beaucoup d'emphase pendant toute la scène.*) Que veut Monsieur?

FANCHETTE. M. Petitpas, dont je vous...

ENDYMION *l'interrompant.* Dont tu m'as parlé... enchanté, Monsieur...

PETITPAS. Ah! Monsieur... certainement... (*à part.*) Ah ça... qu'est-ce que...

FANCHETTE *bas à Petitpas.* C'est mon frère.

PETITPAS. Ah! vous avez un frère? vous ne m'en aviez pas encore parlé...

FANCHETTE. Il arrive de Cracovie... en Russie.

PETITPAS. De Russie? il y fait bien froid. (*à Endymion.*) Couvrez-vous donc, Monsieur.

ENDYMION. Ne faites pas attention!

FANCHETTE *à Endymion.* C'est Monsieur qui s'intéresse à mon début.

PETITPAS. Mais, oui... je fais tout ce que je puis pour être utile à mademoiselle votre sœur.

ENDYMION. Nous vous remercions... Monsieur... vous êtes un digne homme. Touchez donc là, Monsieur. (*il lui secoue la main.*) C'est un honneur auquel nous sommes bien sensibles; car je pense que vos vues sont louables...

PETITPAS. Mais comment donc... (*à part.*) diable... mais ce frère me défrise.

ENDYMION. Du reste, que je ne vous gêne pas... Quand vous aurez fini, nous parlerons de mes affaires.
                    (*Fanchette parait embarrassée.*)

PETITPAS. Mais si vous avez à me parler, je suis toujours prêt...

FANCHETTE. Certainement... M. Petitpas est si obligeant...

ENDYMION. Ma sœur, m'ayant entretenu de ses débuts, comme de mon côté tout le monde m'a toujours reconnu de la voix, j'ai pensé que vous ne refuseriez pas, pour le frère, ce que vous accordiez à la sœur; (*élevant la*

voix.) ou sans cela, je pourrais croire que vos vues...

PETITPAS. Mais comment donc... je suis trop heureux de pouvoir... mais... certainement... certainement.

ENDYMION *à part* Enferre-toi, vieux, enferre-toi. (*haut.*) Arrivé chez Fanchette, ce matin, seulement...

FANCHETTE *vivement.* Il m'a surprise... comme vous veniez de sortir...

ENDYMION. Je vais d'abord m'installer ici pour un jour ou deux... et puis ensuite, je me logerai ailleurs.

FANCHETTE *bas à Endymion, le tirant par son habit.* Endymion... y pensez-vous?

ENDYMION *continuant.* Je ne suis pas difficile... un matelas par terre..

PETITPAS. Il n'y en a qu'un au lit.

ENDYMION. N'importe... une chaise... un tapis... ton tartan.

FANCHETTE *le poussant, bas.* Mais non...

ENDYMION *bas.* Et les gardes du commerce?..

FANCHETTE *à part.* C'est juste... pauvre garçon!

ENDYMION. Du reste, nous ne voulons pas vous retenir... Si vos occupations...

PETITPAS. Du tout... Je venais justement vous dire que j'étais libre ce soir... et je venais chercher Mademoiselle pour souper.

ENDYMION *à part.* Vieux Sardanapale!

PETITPAS *à Fanchette.* Si Monsieur votre frère voulait me faire le plaisir...

ENDYMION. Volontiers... mais je ne puis sortir. Je suis très fatigué.

FANCHETTE. Monsieur Petitpas, je vous remercie; je resterai.

PETITPAS. Avec votre frère... c'est trop juste.

FANCHETTE. Et puis, j'irai voir une chambre pour mon frère... il ne peut coucher ici.

ENDYMION. Mais si fait; cela ne me gênera pas.

FANCHETTE. Non...

PETITPAS. Et moi, pendant ce temps, je vais voir le directeur, lui demander la promesse de votre début... c'est une affaire convenue, et je vous l'apporterai dès que je l'aurai... ce soir peut-être.

FANCHETTE. Oh oui! monsieur Petitpas.

PETITPAS. Je n'y manquerai pas. (*bas à Fanchette.*) Je t'ai comprise, charmante enfant!... à ce soir.

FANCHETTE *étonnée.* Plaît-il?

PETITPAS. *lui faisant signe de se taire.* Chut! (*haut.*) adieu! je m'en vais (*Il s'en va en sautant légèrement, à Endymion.*) Adieu, Monsieur...

ENSEMBLE.

FANCHETTE.

Adieu! revenez nous voir;
Apportez bonne nouvelle...

Je vous sais gré de ce zèle ;
N'y manquez pas... à ce soir !
		ENDYMION.
Tu peux revenir la voir
Avec la bonne nouvelle ;
Mais pour le prix de ton zèle,
Je veux te rosser ce soir.
		PETITPAS.
Adieu ! je reviens vous voir,
Chargé de bonne nouvelle.
(A part.)
Il faudra payer mon zèle...
Je vais être heureux ce soir !

SCÈNE VII.

FANCHETTE, ENDYMION.

ENDYMION. Enfin le voilà parti.

FANCHETTE. C'est bien heureux... (*Elle allume sa chandelle.*)

ENDYMION. Mais sais-tu bien qu'il commençait à m'ennuyer... avec ses chuchottements... que te disait-il ?

FANCHETTE. Rien du tout...

ENDYMION. C'est-à-dire qu'il t'a parlé bas... quelque rendez-vous ?

FANCHETTE. C'est bon, Monsieur... il vous sied bien d'être jaloux déjà...

ENDYMION. Comment, déjà... mais il me semble qu'on ne peut l'être trop tôt.

FANCHETTE. Je vous le conseille... quand vous me compromettez...

ENDYMION. Ah ! je vous compromets... je ne m'attendais pas à un pareil reproche... Fanchette, c'est bien mal, ce que tu me dis là... quoi ! au moment où je te retrouve... où nous devrions être heureux...

FANCHETTE. Eh bien, non... mais c'est qu'aussi vous soupçonnez toujours ; toujours comme autrefois... ne pouvant danser avec d'autres qu'avec vous... ne devant regarder que vous... où sans cela c'était une colère...

ENDYMION. C'était une preuve d'amour... et tu m'en sais mauvais gré... mais voyons, ne parlons plus de cela... c'est fini, plus de Petitpas, plus de jalousie... c'est une affaire faite, n'est-ce pas ?

FANCHETTE. Oui, méchant !

ENDYMION. Faisons la paix... un petit baiser ?...

FANCHETTE. Je ne sais...

ENDYMION. Un bien petit.

FANCHETTE. Allons. (*à part.*) Pauvre garçon ! il y a si longtemps que cela ne lui est arrivé.

ENDYMION *l'embrassant.* Tu disais donc que ce M. Petitpas te disait....

FANCHETTE. Comment, encore ?... vous feriez bien mieux, Endymion, de voir où vous pourrez passer la nuit...

ENDYMION. Vous me chassez donc ?..

FANCHETTE. Non... mais...

ENDYMION. Mais vous me renvoyez... ce qui est à peu près la même chose.

FANCHETTE. Il faut bien pourtant bien que vous passiez la nuit quelque part.

ENDYMION *soupirant.* Ah ! si vous vouliez, Fanchette, c'est ici que je la passerais...

FANCHETTE. Oui... mais je ne veux pas...

ENDYMION. Il faut donc me retirer... il est bien tard, pour me mettre à la porte.

FANCHETTE. Vous reviendrez demain.

ENDYMION. Il est près de minuit... jamais madame Coqueret, ma respectable portière ne voudra m'ouvrir la porte du sanctuaire.

FANCHETTE. Vous coucherez à la belle étoile.

ENDYMION. Je ne suis pas assez admirateur de la nature... et la garde nationale si vigilante du 2e arrondissement qui fait ses silencieuses patrouilles ; ô Fanchette, tu veux donc me faire mettre à l'ombre par un grenadier, ou que je devienne la proie d'un bizet...

FANCHETTE. Adieu !

ENDYMION. Le sort en est jeté... à demain.
		(*Fausse sortie.*)

FANCHETTE. A demain.

ENDYMION *rentrant.* Oh ! tu es bien cruelle !...

FANCHETTE. Eh bien, Monsieur. (*Il sort.*)

SCÈNE VIII.

FANCHETTE *seule.* Pauvre garçon ! c'est enrageant tout d'même d'être forcée de le mettre à la porte... — Eh bien ! qu'est-ce que je dis donc ?.. et les mœurs... pas de ces idées là. Il faut prouver aux mauvaises langues que les rats ont de la vertu (*Elle s'apprête à se deshabiller.*) Dieu ! qu'il est tard. (*apercevant un portefeuille à terre.*) Tiens ! un agenda. C'est sans doute à M. Petitpas... (*Ouvrant.*) non... une lettre à Endymion... une petite écriture fine... des pattes de mouche... C'est une femme qui a écrit cela. Lisons... le cœur me bat.

 « Monsieur,

 » Votre amour m'a touchée... venez demain « au bal de l'Opéra, j'y serai en débardeur. »

— En débardeur.... c'est indigne ! Oh ! Endymion, je me vengerai. Cette femme, je la tuerai, je lui arracherai les yeux. — Achevons :

 « Nous souperons ensemble ; je compte sur « vous.

		« Maria, trois étoiles. »

Ah ! je vais lui écrire, moi ; je ne veux plus qu'il remette les pieds chez moi. Je suis furieuse. Fiez-vous donc aux serpents !

Air : *Walse de Giselle*

Les animaux qui sont sur cette terre
Sont inconstants, volages, sans amours ;
Près d'une femme, l'homme qui veut plaire,
Comme le chat fait patte de velours.
Les doux propos nous font tourner la tête ;
Puis un matin, il fuit en nous raillant :
Mais, sur ma foi, la plus méchante bête,
Après l'homme, c'est encor le serpent.

(*Elle se place à sa table près de la cheminée, et se met à écrire tout en veillant à son souper.*)

Oh! Endymion! qui l'aurait jamais cru! Le perfide. (*écrivant.*)

« Monsieur,

« Votre conduite est celle d'un paltoquet... d'un infâme... j'oserai même dire d'un homme peu délicat. Me trahir, moi, qui vous aimais tant. Ah! j'en mourrai! (*Elle s'interrompt pour goûter à son souper.*) Hum! pas assez salé. (*continuant.*) Vous avez détruit pour toujours mon existence de femme. (*regardant le souper*) Ça ne bout pas. (*continuant.*) Vous triomphez de mon désespoir, cruel. Mais avant de mourir, je veux... »

(*On frappe à la porte.*)

SCÈNE IX.

FANCHETTE , PETITPAS.

FANCHETTE. Entrez.

PETITPAS *regardant de tous côtés.* Votre frère n'est plus ici?

FANCHETTE *parcourant la scène avec fureur.* Mon frère! mon frère! est-ce que j'ai un frère, moi?

PETITPAS *la suivant.* Hein?

FANCHETTE. C'est un misérable.

PETITPAS. Bah!

FANCHETTE. Qui m'a trompée.

PETITPAS. Que dites-vous?

FANCHETTE. Ah! que je suis malheureuse!

PETITPAS *lui frappant dans les mains et la soutenant.* Elle se trouve mal... au secours!...

FANCHETTE *se relevant.* C'est une vengeance qu'il me faut.

PETITPAS. Contre qui?

FANCHETTE. Contre lui.

PETITPAS. Lui qui?

FANCHETTE. Endymion.

PETITPAS. Qu'est-ce que cela, Endymion?

FANCHETTE *avec impatience et colère.* Mais vous ne comprenez donc rien; mais vous êtes donc aveugle?

FANCHETTE.

Air : *Du Rapin.* (Mlle A. Simon)

Vraiment, Monsieur, j'enrage
De vous voir aussi sage,
Lorsqu'un sanglant outrage
Vous frappe, sur ma foi.
Oui, vraiment, je préfère
Votre juste colère ;
Ce sangfroid m'exaspère
Et me met hors de moi.
Quelle indigne conduite !
Ah ! quelle trahison !
Après m'avoir séduite,
Me tromper sans raison.
Je veux une vengeance
Qui le frappe aujourd'hui.
Prenez donc ma défense
Pour me venger de lui !
    (*Reprise.*)
Mais vraiment oui, j'enrage, etc.

Mais vous ne voyez donc pas que ce n'est pas mon frère, que c'est un amant?

PETITPAS. Un amant... je demeure stupide!

FANCHETTE. M., vous vouliez m'épouser ?

PETITPAS. Si je le voulais, je le crois bien.

FANCHETTE. Jusqu'à ce jour, je m'y suis refusée, parce que je l'aimais; aujourd'hui, tout est rompu, j'accepte votre main.

PETITPAS *hésitant.* Oui, mais cet Endymion?

FANCHETTE. N'ayez pas peur; je le haïs tant... que je vous épouse.

PETITPAS. O bonheur!

FANCHETTE. J'en mourrai de douleur. — Allons, Monsieur, il est tard, retirez-vous; que dirait-on dans la maison si l'on vous voyait ici?

PETITPAS. A demain, chère petite. (*à part.*) Le frère n'y est plus, j'en suis sûr; je puis revenir la surprendre. (*haut.*) Adieu, adieu, chère enfant. (*Il sort.*)

SCÈNE X.

FANCHETTE *seule.* Allons, mon parti est pris. Ah! Endymion, Endymion! c'est toi qui l'as voulu. Un traître que j'aimais tant; pour lequel j'aurais tout sacrifié... avoir des intrigues et des rendez-vous au bal de la Renaissance... Mais on vient. C'est la voix d'Endymion... se peut-il?

SCÈNE XI.

ENDYMION , FANCHETTE.

ENDYMION *à la cantonnade.* Puisque je vous dis que je vais chez ma sœur, mademoiselle Fanchette. Ces portiers sont d'une stupidité.

FANCHETTE. Que venez-vous faire ici, Monsieur, sortez.

ENDYMION. Sortir,.. ah bien oui... pour coucher au corps-de-garde.

FANCHETTE. D'où venez-vous ?

ENDYMION. De chez moi, on n'a pas voulu m'ouvrir : j'ai frappé quatre-vingt-dix-neuf coups de marteau; la portière est restée sourde à cette prière touchante.

FANCHETTE. Et que comptez-vous faire?

ENDYMION. Te demander l'hospitalité, ô ma chère Fanchette !

FANCHETTE. N'y comptez pas... Jamais.

ENDYMION. Tu préfères donc m'exposer aux injures du temps, aux rhumatismes et aux patrouilles nocturnes ?

FANCHETTE *se posant.* Endymion... m'aimez-vous ?

ENDYMION. O Fanchette! qui donc t'aimerait si ce n'est moi ?

FANCHETTE *à part.* Le traître ! (*haut.*) Vous n'aimez que moi ?

ENDYMION. Toi, et mon serpent... voilà les seuls êtres que j'affectionne.

FANCHETTE *éclatant.* Monstre! Lis donc cette lettre alors.

ENDYMION *tressaillant.* Eh bien! c'est un poulet.

FANCHETTE. Une lettre de femme.

ENDYMION. Dam, ça m'en a tout l'air, des pieds de mouche et des parfums.

FANCHETTE. Dans ton portefeuille... à ton adresse.

ENDYMION. Eh bien?

FANCHETTE. Tu veux donc que je t'arrache les yeux?

ENDYMION. Supprimez ces mouvements nerveux, Fanchette, c'est de mauvais ton.

FANCHETTE. Ah! tu me trahis... (*Elle le pince.*)

ENDYMION. Ah! mais je suis le serpent le plus innocent de Paris. Cette lettre est à mon adresse en effet; mais elle n'est pas pour moi. Si tu avais lu toute la lettre, tu aurais vu plus bas... pour remettre à M. Paul Genet, mon intime ami.

FANCHETTE. Se peut-il! (*regardant la lettre.*) Ah! c'est vrai, je respire.

ENDYMION. Moi aussi.

FANCHETTE. Et moi qui l'accusais... ce pauvre petit Endymion!

ENDYMION. Oh! je suis innocent, Fanchette, innocent, et très fatigué. Ainsi je puis rester ici?

FANCHETTE. Du tout.

ENDYMION. Où voulez-vous que j'aille?

FANCHETTE. Chez vous.

ENDYMION. Impossible! Il faut que je couche ici forcément.

FANCHETTE Ici, non, non, non... Quoi! Monsieur, c'est ainsi que vous abusez...

ENDYMION. Ma petite Fanchette, ne suis-je pas ton mari? Eh! quoi! tu doutes de mon amour?

FANCHETTE. Non, au contraire.

ENDYMION. Eh bien! que crains-tu? Je serai bien sage.

FANCHETTE. Ecoutez... alors, je vais vous faire mes conditions.

ENDYMION. Voyons, j'écoute.

FANCHETTE. D'abord nous allons établir deux appartements. (*Elle prend de la craie et trace une ligne qui sépare le théâtre en deux parties égales.*) Voici le vôtre... voici le mien.

ENDYMION *soupirant tristement.* Oui.

FANCHETTE. Mais, Monsieur, c'est qu'il faut que ce soit comme cela.

ENDYMION. Je n'en vois pas la nécessité.

FANCHETTE. Si fait... arrangez donc votre lit.

ENDYMION *cherchant.* Allons.

FANCHETTE. Venez m'aider à retirer ma paillasse.

AIR : *Duo du Dieu et la Bayadère.*

FANCHETTE,

Choisissez une place.
ENDYMION (*cherchant*).
C'est ce qui m'embarrasse.
FANCHETTE.
Prenez ce matelas.
(*Elle lui montre le matelas qui est à son lit.*)

ENDYMION.
Non, non, je n'en veux pas.
FANCHETTE.
Ah! cette couverture.
(*Elle lui jette la couverture et le drap de lit.*)
ENDYMION (*les prenant*).
M'ira fort bien, je jure.
FANCHETTE.
Voulez-vous ce coussin?
(*Elle lui donne l'oreiller.*)
ENDYMION (*le prenant*).
J'en fais mon traversin.

ENSEMBLE.
FANCHETTE.
Allons, dépêchez vite,
Où je vais me fâcher;
Faites ce lit de suite,
Puis allez vous coucher.
ENDYMION.
Allons, dépêchons vite,
Elle va se fâcher;
Faisons ce lit de suite,
Puis, allons nous coucher.

(Tout en chantant, Endymion fait son lit. Il renverse la table, prend le balai, fait entrer le manche dans un trou de la table, place le drap sur le balai, de manière à former une espèce de baldaquin de lit, puis il étend la couverture par terre et met l'oreiller sous le baldaquin.)

FANCHETTE.
Mon Dieu! quelle paresse!
ENDYMION (*achevant son lit.*)
Je n'ai rien qui me presse.
FANCHETTE.
Quoi! vous n'êtes pas prêt?
ENDYMION (*place le tabouret près de son lit et met la chandelle dessus.*)
Ce lit a peu d'attrait.
FANCHETTE.
Couchez-vous, je l'ordonne.
ENDYMION.
Dans un instant, ma bonne.
FANCHETTE.
Ou sortez de chez moi.
ENDYMION.
Je suis muet, ma foi.

ENDYMION. Oh! il me passe des idées.

FANCHETTE *approche le fauteuil sur le devant de la scène, s'assied dessus et se cache derrière les rideaux du lit.* Je vais m'enfermer, Monsieur, bonsoir.

ENDYMION. Bonsoir.

FANCHETTE. Maintenant, moi, je passerai la nuit sur ce fauteuil.

ENDYMION *retire son habit et l'étend sur le lit en place de couverture.* Vous le voulez, hélas! Oh! qu'il fait froid!

FANCHETTE. Couchez-vous vite.

ENDYMION *à part et tout en achevant son lit.* Quelle position! je suis sûr que toute la nuit tu brûleras d'impatience, pauvre serpent.

(Il fredonne, et termine son lit.)

AIR *connu.*

Ma Fanchette est charmante
Dans sa simplicité.

(Il regarde de tous côtés avec une inquiétude marquée. Tout-à-coup, il aperçoit le pot à l'eau et la cuvette; il regarde avec soin si Fanchette ne le voit pas, prend la cuvette et la met sous le tabouret près de son lit, tout en chantant).

Et sa mine piquante
Vaut mieux que la beauté.

Oh ! qu'il fait froid.

(Il prend un bonnet de Fanchette sur une poupée de modiste, le met sur sa tête en place de bonnet de nuit, et coiffe la poupée avec sa casquette. Il allume une feuille de papier, la place entre deux assiettes, et fait semblant de bassiner son lit en fredonnant.)

Dormez mes chères amours,
Sur vous je veillerai toujours.

FANCHETTE *derrière le rideau*. Endymion, êtes vous couché ?

ENDYMION *se mettant dans son lit*. Je vais l'être.

FANCHETTE. De quoi vous plaignez-vous ? Vous devez être très bien.

ENDYMION. Tu trouves, Fanchette. Ah ! je sais bien où je serais mieux. Oh ! que c'est dur !

FANCHETTE. On ne vous demande pas ça.

ENDYMION. Ça vous est bien facile à dire... à vous.

FANCHETTE. C'est bien, c'est bien, si vous n'avez pas autre chose à me répéter.

ENDYMION *se relevant sur son séant et d'un ton passionné*. Fanchette, avec toi, je ne puis parler qu'amour.

FANCHETTE. Voulez-vous ne pas bouger. Monsieur.

ENDYMION *se laisse retomber*. L'épreuve est bien dure, ô Fanchette ; mais je m'y soumettrai.

SCÈNE XII.

ENDYMION, FANCHETTE, PETITPAS *en dehors*.

(*Petitpas frappe à la porte*.)

FANCHETTE. Chut !

PETITPAS *frappant de nouveau*. Mademoiselle Fanchette.

ENDYMION. C'est ton Petitpas.

FANCHETTE. Qui est là ? (*à Endymion à voix basse*.) Que faire ?

PETITPAS. C'est moi.

FANCHETTE. Qui, vous ? (*à Endymion*.) Que répondre ?

PETITPAS. Parbleu ! moi, Petitpas. Ne reconnaissez-vous pas ma voix ?

ENDYMION *à mi-voix à Fanchette*. Répète ce que je te dirai. Que voulez-vous ?

FANCHETTE *répétant*. Que voulez-vous ?

PETITPAS. Je vous apportais votre lettre de début que le directeur vient de me donner.

ENDYMION *même jeu*. Je suis couchée toute seule... je ne puis ouvrir.

(Fanchette répète à mesure qu'Endymion parle.)

PETITPAS. Je vais glisser la lettre sous la porte et je reviendrai demain matin.

(Endymion et Fanchette se lèvent tous deux et courent à la porte prendre la lettre. Ils se trouvent nez à nez.)

FANCHETTE. Ah !

PETITPAS. Quoi ?

FANCHETTE. Rien.

ENDYMION. Voyons la lettre.

FANCHETTE. Monsieur, allez dans votre chambre.

ENDYMION. Pour voir seulement la lettre.

*FANCHETTE *lisant*. Je vais débuter ! c'est écrit.

(Petitpas, pendant ce temps, a passé par le carré, et va enjamber la croisée du fond.)

PETITPAS. Elle est à moi maintenant. (*apercevant Endymion*.) Ah ! je suis pétrifié.

ENDYMION. Le Petitpas.

VOIX *en dehors arrêtant Petitpas avant qu'il ait franchi la fenêtre*. Enfin nous le tenons.

PETITPAS. Mais, Messieurs, je ne suis pas un voleur.

UNE VOIX *en dehors*. Non, mais monsieur Endymion, payez vos dettes.

FANCHETTE. Ciel !

ENDYMION. Mes sbires... sauvons-nous.

(il s'enfuit sur le devant du théâtre près des avant-scènes.)

PETITPAS *se débattant*. Mais non, mais non, je suis Petitpas.

LA MÊME VOIX. Couleur ! à Clichy.

(Fanchette se fourre sous les rideaux du lit. La toile baisse ; Endymion reste en dehors.)

ENDYMION. Enfoncé. (*au public*.) Messieurs ne me trahissez pas, ils ne me découvriront pas ici.

AIR : *La fillette au corset blanc*.

Attendant votre suffrage,
Messieurs, ma Fanchette est là ;
Protégez le mariage
Du pauvre rat d'Opéra.

(Le rideau se lève.)

FANCHETTE *appelant par le trou de la toile*. Endymion ! Endymion !

ENDYMION. Hein ! que veux-tu ?

FANCHETTE. Ils sont partis.

ENDYMION. C'est bien, me voilà. (*au rideau*). Le cordon. s'il vous plaît. (*Le rideau se lève*.)

* FANCHETTE. Endymion, on ne m'y reprendra plus.

ENDYMION. Maintenant qu'ils sont partis, je retourne chez moi et demain, Fanchette, la municipalité nous unira.

FANCHETTE *au public*.

Même air.

Mais ce début me fait peur ;
Pour soutenir mon courage.
Ne me refusez pas pour gage
Un bravo flatteur.

* Fanchette, Endymion.

* Fanchette, Petitpas, Endymion

FIN.

LAGNY. — IMP. D'AUG. LAURANT.

[illegible]

[illegible]

[illegible]

[illegible]

[illegible]

[illegible]

En vente.

LE LIVRE D'AMOUR, par Emmanuel Gonzalès. . . . . 2 vol. in-8.
L'ABBÉ OLIVIER, par Clémence Robert. . . . . 1 vol. in-8.
THÉRÉSA, par madame Charles Reybaud. . . . . 1 vol. in-8.
LA MÈRE FOLLE, par Auguste Arnould. . . . . 1 vol. in-8.

Sous Presse.

LA DUCHESSE DE CHEVREUSE, par Clémence Robert. . . 2 vol. in-8.
LES MÉMOIRES D'UN ANGE, par Emmanuel Gonzalès. . . . 2 vol. in-8.
LA MARQUISE D'ALPUJAR, par Molé-Gentilhomme. . . . . . 2 vol. in-8.
LA FILLE DU GONDOLIER, par Jules David. . . . . 2 vol. in-8.
THOMAS LE CARRIER, par Roland Bauchery. . . . . 2 vol. in-8.
DENISE LA FIANCÉE, par Michel Masson. . . . . 2 vol. in-8.
L'HONNEUR DU MARI, par Auguste Arnould. . . . . 2 vol. in-8.
GEORGES LE MONTAGNARD, Par Eugène de Mirecourt. . . . 2 vol. in-8.

Pour paraître incessamment :

LA DUCHESSE DE CLÈVES, par Armand Durantin. . . . . . . 2 vol. in-8.
HISTOIRE DE LA COMÉDIE FRANÇAISE, par le même. . 2 vol. in-8.

LAGNY.—Imprimerie d'Aug. LAURANT.

BIBLIOTHEQUE NATIONALE DE FRANCE
3 7531 01522170 9

www.ingramcontent.com/pod-product-compliance
Lightning Source LLC
LaVergne TN
LVHW021806030726
842523LV00003B/1233